AF355758

DISCOURS

Prononcé par M. Ernest FAREZ

AUX OBSÈQUES DE

M. ALFRED THILLAYE DU BOULLAY

Manufacturier,
Chevalier de la Légion d'Honneur,
Ancien Président du Tribunal de Commerce,
Ancien Membre de la Chambre de Commerce
et ancien Censeur de la Banque de France
de la ville de Rouen.

ROUEN

IMPRIMERIE ESPÉRANCE CAGNIARD

88, rue Jeanne-Darc, 88

1887

DISCOURS

Prononcé par M. Ernest FAREZ

AUX OBSÈQUES DE

M. ALFRED THILLAYE DU BOULLAY

Manufacturier,

Chevalier de la Légion d'Honneur,

Ancien Président du Tribunal de Commerce,

Ancien Membre de la Chambre de Commerce

et ancien Censeur de la Banque de France

de la ville de Rouen.

ROUEN

IMPRIMERIE ESPÉRANCE CAGNIARD

88, rue Jeanne-Darc, 88

—

1887

DISCOURS

PRONONCÉ PAR M. ERNEST FAREZ

AUX OBSÈQUES DE

M. ALFRED THILLAYE DU BOULLAY

———

MESSIEURS,

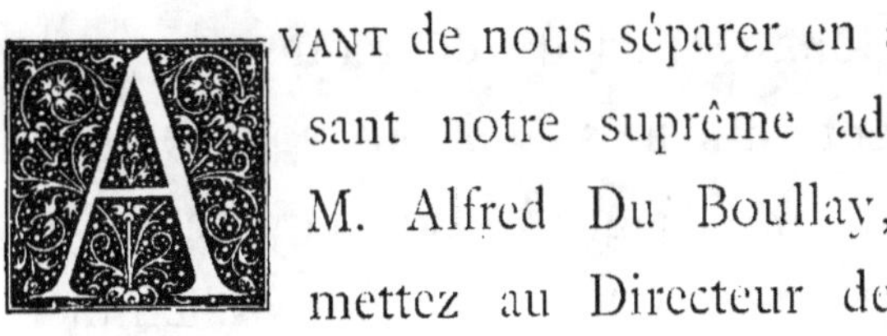VANT de nous séparer en adressant notre suprême adieu à M. Alfred Du Boullay, permettez au Directeur de son établissement de vous entretenir de lui quelques instants encore.

Il y a aujourd'hui trente-deux ans, c'était en 1855, que je suis entré en relations avec M. Du Boullay, et que j'ai organisé, avec son concours, l'établissement de Lescure, pour la distillation des grains.

Pendant les vingt-cinq années qui ont suivi 1855, et, bien que nos rapports fussent quotidiens, je n'ai jamais entendu M. Du Boullay prononcer un mot amer, ni contre moi, ni contre les personnes placées sous mes ordres.

Cependant, nous avons traversé, dans cette longue période de temps, bien des moments difficiles, qui ont souvent pour conséquence d'aigrir les meilleurs caractères.

M. Du Boullay était si excellemment bon, si foncièrement aimable, que son commerce avait un charme indicible.

Aussi, ses visites de chaque jour, pour les besoins de l'usine que je dirigeais, étaient-elles toujours désirées, et son départ toujours regretté.

Il possédait, entière, cette rare et sublime qualité, qui consiste à pouvoir et à savoir être franchement heureux du bonheur des autres! Qualité qui n'est l'apanage que des âmes d'élite et des cœurs supérieurement doués!

Que de fois ne l'ai-je pas entendu, au cours de nos entretiens, me faire part de ce genre de sentiments, avec le caractère de la plus entière et de la plus profonde sincérité!

Son esprit, d'ailleurs, était aussi conciliant et aussi tolérant que son cœur était généreux et bon;

En voici la preuve éclatante :

Nous avions, en politique comme en religion, des opinions pour ainsi dire diamétralement opposées, et, naturellement, nous ne sommes pas restés vingt-cinq ans en contact journalier sans échanger, quelquefois, nos idées sur ces graves questions qui passionnent toujours *si vivement* les hommes et les divisent *si souvent!*

Eh bien, il ne m'est jamais resté de nos entretiens sur ces sujets si délicats, ni le plus léger froissement, ni l'ombre d'un regret, ni la moindre amertume.

Après notre discussion, nous nous serions plutôt quittés meilleurs amis qu'avant, si c'eût été possible, et, jamais, notre bon accord n'en a été troublé un instant!!!

Cela tenait à ce que M. Du Boullay mettait dans toutes nos discussions, quelles

qu'elles fussent, industrielles, commerciales,
philosophiques ou autres, tellement de tact
exquis, de saine mesure et de délicate urba-
nité, qu'il arrivait à rendre aimable jusqu'à
la contradiction même.

C'est assez dire que je ne redoutais
jamais celle-ci de sa part, tant je savais son
opposition sage, calme, mesurée, dénuée de
tout parti-pris, et empreinte d'une conviction
établie toujours sur le désir très sincère et
très complet de ne se fixer que là où il
croyait trouver la suprême vérité.

Pendant vingt-cinq ans que je l'ai reçu
à l'usine et que je l'ai eu pour chef immé-
diat, je ne l'ai jamais vu plus heureux que
quand il pouvait me procurer un plaisir ou
me convier à partager ceux qu'il s'offrait à
lui-même!

Il possédait la plus rare égalité d'humeur que j'aie jamais rencontrée; elle était pour ainsi dire inébranlable!

M. Du Boullay était serviable, affectueux, aimable, en un mot, au delà de tout ce que peut rêver l'imagination la plus difficile, et, je puis l'affirmer d'autant plus hautement, que, pendant vingt-cinq ans, j'en ai eu des preuves presque chaque jour.

Il était bien le fils de sa digne mère, qui, sous tous les rapports, était la femme adorable par excellence!

A de tels hommes, le dévouement le plus absolu ne saurait faire défaut, et ils ont encore droit à notre plus profonde et à notre plus sincère affection.

Les servir, Messieurs, ne peut jamais être une dépendance!

C'est toujours un honneur!
Et toujours un bonheur!!!

. . . .

Voilà, Messieurs, ce que je tenais à vous dire avant de quitter pour jamais l'homme excellent, aimable entre tous, au cœur si chaud, que nous venons de perdre, que nous regrettons profondément, et dont le souvenir ne s'éteindra qu'avec ceux qui, comme moi, ont été assez heureux et assez favorisés pour le si bien connaître.

Puisse, la sincère expression de ces sentiments vrais, apporter un adoucissement à la douleur immense de sa chère famille éplorée !!!

Adieu ! mon cher M. Du Boullay !!!

Eauplet, ce 15 avril 1887,

Jour de néfaste mémoire.

ERNEST FAREZ.

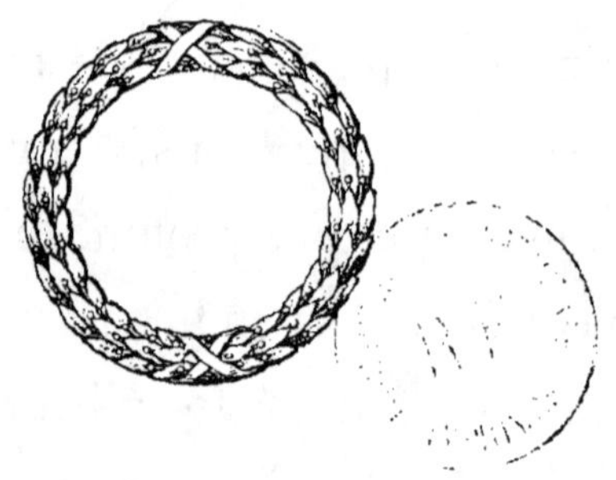